ROLAND

POËME HÉROÏQUE DE THÉROULDE

TROUVÈRE DU XI° SIÈCLE

TRADUIT EN VERS FRANÇAIS

PAR

P. JÔNAIN

SUR LE TEXTE ET LA VERSION EN PROSE

de

F. GÉNIN

PARIS
LIBRAIRIE DE JULES TARDIEU, ÉDITEUR
Rue de Tournon, n° 13.

M DCCC LX

OUVRAGES DU MÊME AUTEUR

CHEZ LE MÊME ÉDITEUR

Ou à ÉPARGNES (Charente-Inférieure)

GRAMMAIRE GÉNÉRALE, particulière pour le latin et le français, déclarée *méthodique et utile* par l'ancien Conseil royal de l'Instruction publique; in-8°...... 2f »

ESSAI DE GRAMMAIRE UNIVERSELLE, ou HÉMI-PASIGRAPHIE, facilitant l'enseignement, même élémentaire, de toutes les langues................ 1 50

LES FABLES DE BABRIUS, traduites du grec en vers français; in-12.................. 1 »

A OTANI UE POUR TOUS s rie ra u e plantes................... 1 »

Pour paraître :

TRADUCTIONS en vers : de Virgile, Pétrarque, Burns, Camoëns.

TRADUCTION en prose : de Papire Le Masson, *Description des Rivières de France.*

Œuvres originales :

FABLES.
CHANTS DE VILLAGE.
L'INTONATION enseignée par elle-même.
ÉTUDES SANTONES, biographies.
LEXIQUE SAINTONGEOIS.

ROLAND

24598

ROLAND

POÈME HÉROÏQUE DE THÉROULDE

TROUVÈRE DU XIᵉ SIÈCLE

TRADUIT EN VERS FRANÇAIS

PAR

P. JÔNAIN

SUR LE TEXTE ET LA VERSION EN PROSE

de

F. GÉNIN

Aoi !

PARIS

LIBRAIRIE DE JULES TARDIEU, ÉDITEUR

Rue de Tournon, n° 13.

M DCCC LX

Bordeaux.—Imp. de J. Delmas, rue Ste-Catherine, 139.

APERÇU

Roland, le preux, le paladin, le comte par excellence, *la fleur de la chevalerie*, Roland le fabuleux, en somme, doit beaucoup au poète Théroulde et au critique Génin, séparés l'un de l'autre par huit siècles de distance.

Théroulde en a fait le héros d'un poème du genre épique, en langue d'*oui*, du onzième siècle ; Génin, dans le dix-neuvième, a traduit en prose du seizième et doctement commenté ce poème, après en avoir rétabli le texte sur le manuscrit original et unique d'Oxford. Jusqu'alors, nous ne connaissions ce texte que par des rajeunissements beaucoup plus vieillis que lui-même, et par d'informes copies, trop légèrement interprétées.

Génin proclame le *Roland* un poème épique, sans restriction aucune, et déclare le préférer à l'*Énéide*, au *Paradis perdu*, à la *Henriade* ; exagération de commentateur que je lui passe à peine à l'endroit de ce dernier essai d'épopée. Il n'y a de chants épiques pour Génin que les inspirations de ce genre qui sont primitives, naïves, encore informes, telles, par exemple, que l'*Iliade* et l'*Odyssée*. Sa raison principale est qu'aussitôt le goût arrivé, il n'y a plus de foi, et, sans la foi, plus de merveilleux digne de ce nom, de miracle propice au génie. Je me persuade que, si cela convenait à sa cause, Génin dirait ici lui-même : tant pis pour le merveilleux !

En effet, il y a foi et foi ; il y a merveille sans miracle. On peut être bon païen ou bon chrétien, sans croire aux poulets sacrés, à la sainte ampoule, à l'eau de la Salette. La foi de Virgile, de Milton, de Voltaire même n'en était que plus ferme pour être moins diffuse. C'est la pyramide comparée au mirage ; si le mirage, si les vieilles forêts sont favorables aux jeux des fantômes, la pyramide, la montagne, la clarté radieuse sont-elles donc sans poésie, sans reflets et sans effets d'ombres ? le Beau n'est-il plus la Splendeur du Vrai ?

Pour moi, malgré l'autorité, diversement intéressée, de MM. D. Nisard et Fr. Génin, et tout en admirant beaucoup Homère, Dante, Shakespeare, Théroulde, je confesse leur préférer les poètes qui ont plus de goût avec autant de génie, une forme plus pure avec non moins de grandeur, et qui parlent une langue riche de toutes ses notes enfin bien harmonisées : Virgile, Arioste, Milton, Camoëns, Voltaire lui-même, s'il avait mieux choisi son héros.

Très-heureux fut le choix de Roland, censé le neveu de Charlemagne, l'ami d'Olivier, le fiancé de la belle Aude. Il personnifie la brave, chrétienne et *douce* France contre ce que le moyen-âge appelait la *gent payenne*, soit Sarrasins d'Arabie, soit Cantabres et Gascons de Roncevaux, car « *Asez i ad de cele gent paienur,* » (prononcez : assez y a de cel'gent payennor), de qui Roland, même après son héroïque trépas, cause la défaite et la ruine.

Aussi quel retentissement par toute l'Europe et au-delà, durant tout le moyen-âge et jusqu'à nos jours, n'ont pas eu ce nom, cette louange, cette mémoire ! « Quelle île si perdue, quel coin de terre si reculé que l'histoire de Roncevaux n'y eût pénétré? Roland rappelle en mourant qu'il a conquis à Charlemagne « Escosse, Galle, Islande; » il dit vrai, car Olaüs Magnus témoigne que les bardes islandais mentionnent souvent dans leurs poésies le cor de Roland, dont le son portait à vingt milles.

» Les Turcs, chose étrange! les Turcs, que Roland avait combattus, réclamaient Roland pour leur compatriote. Écoutez plutôt Pierre Belon : « La » grand'espée de Roland pend encore pour l'heure » présente, à la porte du chasteau de Bource (l'an- » cienne Pruse en Bithynie), [la retraite d'Annibal » et d'Abd-el-Kader]. Les Turcs la gardent chère » comme quelque reliquaire, car ils pensent que » Roland estoit Turc. »

» La même épée se conservait pareillement à Saint-Denis, à Blaye, au château de Roc-Amadour et ailleurs. Il paraît en avoir été de l'épée de Roland un peu comme du chef de saint Jean-Baptiste et de l'urne de Cana.

» Enfin la patrie de Médée, le pays de la Toison-d'Or, l'antique Colchide connaissait Roland : Busbecq, dans ses lettres, en parle ainsi : « Ils tendent des » cordes sur une planche ou bien le long d'une per- » che et frappent dessus en mesure. C'est au son de » cet accompagnement qu'ils chantent leurs maî- » tresses et leurs grands hommes, parmi lesquels » le nom de Roland revient souvent. Comment ce » nom leur est arrivé, je l'ignore, à moins qu'il » n'ait passé la mer avec les Croisés de Godefroi de » Bouillon. » Probablement la Colchide fournirait aujourd'hui moins de renseignements sur Jason et Médée que sur Roland et la belle Aude. Le chef des

Argonautes a cédé la place au neveu de Charlemagne. » (Fr. Génin, *Introduction*, chap. vii.)

En plein seizième siècle, le roi François Ier, qui se piquait bien ou mal de chevalerie, est venu à Saint-Romain-de-Blaye visiter le tombeau de Roland, et s'est abstenu de sourire à l'aspect des ossements prétendus gigantesques, lesquels échappent presque à la vue.

Roland, comme *Adam*, signifie *rouge-terre*.

Le poème qui célèbre ce nom est, avec la traduction du livre des *Rois*, le serment de Charles le Chauve et un fragment d'homélie sur Jonas, découvert par hasard à Valenciennes, un des trois ou quatre plus anciens monuments de la langue française.

L'auteur, Théroulde *(thur old*, porte ancienne, vieille porte), est, selon Génin, le précepteur de Guillaume le Conquérant ou, tout au moins, le fils de ce précepteur, Théroulde, abbé de Peterborough, en Angleterre, mort en 1098. La *Chanson*, c'est-à-dire le chant de *geste* ou de chronique sur Roland, est donc du onzième siècle, au plus tard.

Ce poème contient trois mille neuf cent quatre-vingt-dix-sept vers de dix syllabes, très-bien cadencés à la quatrième, très-corrects et mélodieux, quand on sait les lire. Il s'y glisse, comme par distraction, quelques hexamètres, en fort petit nombre. L'unique division de l'œuvre a lieu par couplets de six à trente-cinq vers, sur une ou deux assonances, tantôt masculines, tantôt féminines, très-irrégulièrement mélangées. Les masculines sont en majorité.

Il a paru convenable à Génin de distribuer le

poème en cinq chants; hé bien! voici, par couplets, la subdivision de chacun d'eux :

I, 51 couplets, dont assonances masculines	34	
	féminines. . . .	17
II, 59. . . . . masculines	40	
	féminines. . . .	19
III, 65. . . . . masculines	41	
	féminines. . . .	24
IV, 59. . . . . masculines	36	
	féminines. . . .	23
V, 52. . . . . masculines	28	
	féminines. . . .	24
Total, 286 couplets. assonances. . . .	179	107

Les couplets se terminent fréquemment par une parole, un cri de l'assemblée, soit délibérante, soit combattante, pour approuver, pour encourager ce que disent ou ce que font les chefs. Le pouvoir recherchait dès lors la sanction du suffrage universel. Charlemagne, ou le poète, cela revient au même, en exprime plusieurs fois l'idée, qui est, au reste, celle du chœur antique dans les drames grecs.

Une autre sorte d'encouragement que le Trouvère, en chantant, ou du moins en récitant, se donne à lui-même, c'est l'exclamation fréquente AOI, anglais *away*, en voie, en route, en avant!

La phrase est loin d'avoir la rondeur à pleines voiles de la versification grecque ou latine; mais elle est vive d'élan et d'effet. C'est déjà le jet droit et rapide de la langue française.

En vertu du même génie, les comparaisons poétiques sont courtes et rares.

Revenons à la description du manuscrit : la première lettre de chaque vers est une majuscule séparée. Dans celui de Venise, la dernière, bien que minuscule, est séparée aussi, de manière à faire encadrement; exemple (GÉNIN, page 144) :

```
Ç  o dit Rollans : « Forz est nostre bataill        e !
J  o cornerai si l'orrat li reis Karle              s. »
D  ist Oliver : « Ne sereit vasselag                e !
Q  uant je l'vos dis, cumpainz, vos ne daignaste    s.
S  'i fust li reis, n'i oüsum damag                 e.
C  il ki la sunt n'en deivent aveir blasm           e ! »
D  ist Oliver : « Par ceste meie barb               e,
S  e puis vedeir ma gente sorur Ald                 e,
N  e jerreiez jamais entre sa brac                  e ! »
                                                  AOI !
```

Génin a supprimé ces distances, chères au vieux goût. Et voici sa version :

« Non! dit Roland, la partie est trop forte ! Je » cornerai, seur d'estre ouï de Charlemagne. — Ah! » dit Olivier, ce ne seroit pas brave ! Tantost, lors- » que je vous le dis, vous ne daignastes m'escouter ! » Que Charlemagne y fust, nous n'eussions ce dom- » mage! Mais ceux qui sont là-bas n'en porteront » nul blasme ! » Il ajouta : « Par ceste mienne barbe, » si Dieu permet que je revoie ma sœur, la belle » Aude, vous ne serez jamais entre ses bras ! »

Nous nous bornerons à cet échantillon du texte.

Comme signature du dialecte normand, on y trouve plusieurs fois *ce, cette, ces,* pour *le, la, les,* l'adjectif démonstratif au lieu de l'article.

Comme justification de la prononciation saintongeaise, les troisièmes personnes du pluriel des verbes, surtout à l'imparfait, bien qu'écrites par *ent,* se disaient *ant* : *diseient* sonnait *disiant; fereient,*

APERCU.

feriant; querreient, querriant. (Génin, page CLXVI.) C'est ainsi que nos paysans de Saintonge parlent encore, c'est-à-dire latin, comme il y a dix-huit siècles.

Le fragment de la traduction de Génin, cité plus haut, montre que ce grand philologue a cru devoir employer de préférence la langue du seizième siècle, et une prose cadencée, souvent par dix syllabes, véritables vers, dont plusieurs, ceux qui rendent le texte mot pour mot, m'ont paru de très-bonne prise. Génin croit « possible de constater entre la prose et la poésie l'existence d'un troisième genre participant de l'une et de l'autre, sans être ni l'une ni l'autre ; régulier comme les vers, libre comme la prose. » Il cherche sa preuve en Angleterre dans les anciens vers blancs d'Orm et de Chaucer, et il conclut : « Je me crois donc suffisamment justifié d'avoir employé à la traduction du *Roland* une forme de style inventée avant le douzième siècle, et que le moyen-âge semble avoir consacrée plus particulièrement pour traduire. »

C'est ainsi que F. Génin a fait heureusement arriver le *Roland* jusqu'à notre seizième siècle. Le vif désir que ce poëme national soit plus généralement connu de la nation me donne l'audace d'essayer à le faire parvenir au dix-neuvième, non sans archaïsmes encore, mais en lui rendant la mesure et plus que l'assonance des vers.

En opposition à de très-doctes et honorés Critiques, je tiens que les poésies doivent être traduites en vers, et même plusieurs fois, successivement, à mesure que les langues vivantes se transforment et se modifient. C'est ce qui a lieu d'instinct : instinct précieux, étude toujours intéressante et toujours fructueuse; noble joûte littéraire où l'on gagne même à être vaincu. Les grands poèmes sont des fleuves qu'il faut détourner sur notre sol avec leur rhythme de cours et de murmure; des tableaux dont nous voulons des copies qui reproduisent tout le dessin, tout le clair obscur et qui même rajeunissent les couleurs. Les mot à mot, les interprétations, les translations en prose ne sont que de froids décalques ou de pâles gravures. C'est en vers que l'Angleterre possède Homère et Virgile, grâce à Pope et à Dryden; la France, une partie de Virgile, grâce à Delille. Et, à ce propos, je crois que tout le monde préfère la traduction en vers du *Paradis perdu*, par ce même Delille, malgré sa faiblesse, à toute l'allitération prétentieuse de Châteaubriand; et ainsi de tous les autres poèmes.

Certes, Amyot n'était pas versificateur, et il rend presque toujours mal les vers qu'il rencontre dans Plutarque; cependant, quelle prose remplacera jamais son couplet de la *Chanson Spartiate?*

 « Nous avons été jadis
 » Jeunes, vaillants et hardis.
 » — Nous le sommes maintenant,
 » A l'épreuve, à tout venant.
 » — Et nous un jour le serons
 » Qui tous vous surpasserons. »

Lamennais lui-même y serait battu.

On a dit spirituellement de la musique : faire de l'harmonie sans mélodie, c'est donner la sauce sans le poisson. Cela s'applique encore mieux aux traductions de vers en prose, car ici le *poisson* c'est la forme : il faut à tout prix s'efforcer de la repro-

duire. On ne parle pas la poésie, on la chante.
Vertere fas, æquare nefas, comme dit l'épitaphe du
Camoëns : Licite de traduire, interdit d'égaler.

J'ose donc traduire le *Roland* presque vers pour
vers. Mais voici que j'ose plus encore : l'abréger. Je
n'ignore pas que c'est courir la chance de s'entendre
dire, comme Lamotte, l'abréviateur de l'*Iliade*
(de l'*Iliade*, il est vrai) : « *Vos abrégés sont longs au
dernier point;* » mais, si le jugement n'est porté
qu'en connaissance de cause, c'est-à-dire après
avoir lu l'original et la copie, j'espère qu'il ne sera
pas porté ainsi. *La Chanson de Roland*, bien qu'infi-
niment plus courte que les chansons de geste qui
l'ont suivie, a évidemment des longueurs et des redites. Je ne parle pas des redites de forme, bonnes
à conserver, comme celles d'Homère; je parle des
redites de fond. La dernière partie, ce qui suit la
mort de Roland, fait presque hors-d'œuvre et dou-
ble emploi. Ce sont des coups d'épée, après Hauteclaire et Durandal; des coups de lance, après de
meilleurs coups de lance. C'est l'olifant, ô profana-
tion! sonné par un autre que l'héroïque preux. Ce
n'est plus la chanson de Roland, c'est la chanson de
Charlemagne, mis aux prises, fort singulièrement,
avec le soudan de Babylone. A y regarder de près,
on reconnaîtrait peut-être une autre main, celle
d'un clerc imitateur, tout au moins celle d'un fils.
Il y a plus de miracle et moins de merveille; plus
de recherche et moins de grandeur. La judicieuse
analyse de MM. Bordier et Charton, d'après celle
de M. Vitet, supprime cette partie tout entière;
sentant bien qu'ainsi que dit Génin de l'édition de
Venise, « ce serait prendre et donner de l'ennui. »

Je serai moins rigoureux : j'en garderai les funérailles de Roland, l'épisode de la belle Aude et le châtiment de Ganelon, tout ce qui me paraît être dans l'unité.

Ma division, s'il en faut une, aura lieu en quatre parties inégales, mais à la fois bien tranchées et bien conséquentes : l'*Embûche*, *la Bataille*, *la Mort*, *les Funérailles*. C'est là tout le drame où se meuvent les grandes figures de Roland, d'Olivier et leurs ombres amies.

Bref, je ferai mon possible pour que rien de superflu ne soit admis, rien d'essentiel ne soit omis, et pour que le mouvement et la couleur ne disparaissent pas tout entiers. Durandal et Hauteclaire feront le reste. Dans ma faiblesse, je compte sur leur force. Les doctes liront Génin; le commun des martyrs lira Jônain; et, grâce à l'intérêt du sujet, non, ce ne sera pas un martyre.

Aoi! donc. A moi Roland et Olivier, la vaillance, l'amitié, la patrie! En avant pour la *douce* France!

ROLAND

I

L'EMBUCHE

Charles, le roi, notre grand empereur,
Sept ans tout pleins a fait guerre en Espagne.
Marche, castel, forêt, cité, campagne,
Jusqu'à la mer, l'ont reçu pour seigneur.
Mur ni fossé ne bravent sa valeur,
Hors Saragosse assise en la montagne.
Marsille règne en cet âpre donjon,
Roi n'aimant Dieu, mais servant Apollon
Et Mahomet. Grand hasard s'il y gagne.

Marsille donc, descendant, un matin,
En son verger, sur un perron de marbre,
De marbre bleu, se couche, sous un arbre.
Chefs et soldats remplissent le jardin ;
Vingt mille et plus. Là, le roi sarrasin :

« Comment de Charle arrêter l'insolence ?
Dit-il. Je n'ai guerriers à suffisance.
De son pays, de sa tant douce France
Il est venu chez nous faire butin.
Vous, dont le sens égale la vaillance,
Conseillez-moi. » Tous gardent le silence,
Tous, excepté l'habile Blancandrin.

Ce puissant chef du château de Valfonde
A valeur grande et sagesse profonde.
« Sire, dit-il, loin de nous tout effroi !
Par messagers, à cet orgueilleux roi
Promettez tout : service, amitié, zèle ;
Des chiens dressés, des ours et des lions,
Et mille autours ayant toute leur aile ;
Sept cents chameaux chargés de millions,
Chars et mulets, avec or, de plus belle,
Dont il pourra solder ses légions.
Que c'est assez de guerre et de querelle ;
Qu'à Saint-Michel, la fête solennelle,
Vous vous ferez, dans son Aix-la-Chapelle.
Son homme lige et son chrétien fidèle :
Vous le jurez sur vos religions.
De votre foi réclame-t-il otages ?
Donnons les fils de nos femmes pour gages.
J'offre le mien, devroit-il y périr !
Bien vaut-il mieux qu'ils y perdent les têtes
Que si, perdant, nous, honneur et conquêtes,
Étions réduits à pauvreté souffrir.

» Par ce bras droit! par ma barbe agitée!
De l'ost chrétien la partie est quittée :
En France, au loin, retourneront les Francs;
S'iront gîter chacun en sa demeure.
Charles, dans Aix, attendra d'heure en heure
Votre visite et vos riches présents.
Le terme passe. Il attendra longtemps!
Fier et cruel, tûra-t-il nos parents?
Mieux vaut encor que de voir Charlemagne
Fouler aux pieds l'étendard de Mahom,
Nous infliger dure peine et rançon
Et nous ravir la claire et belle Espagne. »
Et les payens : « Il peut avoir raison ! »

Donc, Blancandrin chemine, lui dixième.
En ambassade auprès du grand vainqueur,
Sur blanche mule au frein d'or; tous de même :
L'olive aux mains, la ruse dans le cœur.

Cordoue étoit alors le lieu suprême
Où résidoit le puissant Empereur.
Il est en joie et loisir. Quinze mille
De ses vaillants sont sa garde d'honneur.

Autour de lui, dans le verger tranquille,
Sur blanc satin se reposant, heureux,
Siégent Roland, Olivier, d'autres preux,
D'autres barons, fils de la douce France.
A jeux divers ils s'amusent entre eux :

Les bacheliers s'exercent à la lance ;
Les graves pairs luttent sur l'échiquier.
Le chef lui-même, à la noble prestance,
Sur un fauteuil de splendide opulence
Sied sous un pin, qu'enlace un églantier.
Sa barbe blanche et sa noble stature,
Sa majesté toujours le révéla.
A qui, nouveau, le cherche à l'aventure
Il n'est besoin de dire : Le voilà !

Les messagers, descendant de leurs mules,
Font le salut honnête et gracieux :
Et Blancandrin, qui bien sait les formules,
Dit, annonçant les tributs précieux :
« Soyez béni de Dieu, le glorieux ;
A qui seul tous nous devons révérence !
Mais, ô grand roi ! vous est-ce pas nuisance
Tant longue traite en Espagne fournir ?
Si retourniez en vos terres de France ?
Mon roi promet et vous donne assurance
D'aller tantôt vous y suivre et servir. »

Lors eussiez vu Charle, en grave silence,
Lever les mains au ciel, baisser le front ;
Car d'ainsi faire est son accoutumance
Et de parler il n'est jamais trop prompt.
Auguste enfin et redressant la tête :
« Bien devisé, dit-il, ambassadeur.
Mais votre prince est mon rude jouteur :

Qui me répond du but de sa requête? »
Le Sarrasin : « Des otages, seigneur.
Vous aurez dix, ou quinze ou vingt otages,
Mon propre fils. Est-il plus nobles gages?
Dans Aix, devant votre cour d'empereur,
Le jour sacré de Saint-Michel-Sauveur,
Mon maître ira vous offrir ses hommages.
C'est dans ces bains, faits pour vous par le ciel,
Qu'il veut aller recevoir le baptême,
En vous jurant allégeance suprême.
— Beau vœu, dit Charle, et salut éternel! »

Dès que le jour pointe sur les collines,
Charles se lève, entend messe et matines,
Et, se séant sous l'ombre d'un grand pin,
Convoque Oger, l'archevêque Turpin,
Thibaut de Reims et Milon son cousin,
Richard le vieux, le gascon Acelin,
Henri le jeune et Gérer et Gérin,
Les preux Roland, Olivier, le duc Nayme :
La voix de France est son guide suprême.
A ce conseil assiste Ganelon,
Qui contre tous se montrera félon.

« Seigneurs barons, Marsille se veut rendre
Notre homme lige et se faire chrétien,
Pourvu que j'aille en mon palais l'attendre.
A ses serments, dites, faut-il entendre?
Ses grands trésors offerts, dois-je les prendre? »

Et les François de dire : « Avisez bien ! »

Roland se lève alors : « Ce faux payen
Vous a trompé, dit-il. Quinze mille hommes
Ne sont-ils pas venus, offrant des sommes,
Et, l'olivier à la main, nous tenant
Mêmes propos qu'on nous tient maintenant ?
Votre conseil fut d'avis d'une trève ;
Que fit Marsille ? Il passa par le glaive
Votre féal et brave partisan
Comte Basille et son frère Basan.
Croyez-moi, Sire, assiégeons Saragosse,
Et, dussions-nous y trouver notre fosse,
Frappons le traître, avant que de périr.
Vengeons du moins ceux qu'il a fait mourir ! »

Charle, à ces mots, rembrunit son visage,
Palpe sa barbe ; et ce muet langage
Est sa réponse à son neveu. Soudain
Vient Ganelon, qui s'avance hautain :
« Croire un soudard, dit-il, porte dommage,
Sire. Gardez d'écouter ni Roland,
Ni Ganelon, mais le vrai seulement.
Eh ! quoi, Marsille offre de reconnaître
Vous, après Dieu, pour son seigneur et maître,
De prendre en fief l'Espagne, pour tout bien,
De recevoir le saint nom de chrétien,
Et l'on refuse ! Et l'on porte à la guerre !
C'est peu songer, sur cette pauvre terre,

De quelle mort nous avons à mourir.
Où l'orgueil pousse il ne faut pas courir ! »

Ainsi parla Ganelon. Le duc Nayme,
Égal à tous, et presque à Roland même,
Dit à son tour : « Appeler les combats,
Lorsque l'honneur est satisfait, n'est pas
Sans grand péché. Sage est le comte Gane.
Pas un créneau, rempart ou barbacane
N'a soutenu les coups de vos pierriers.
Tout est soumis, tout cède à vos guerriers.
Marsille donne otage sur otage ;
A l'accabler où serait l'avantage ?
De ce sanglant et long pèlerinage,
Sire, voilà la septième saison. »
Et les François ensemble : « Il a raison. »

« Eh ! bien, dit Charle, envoyons l'accolade
Au roi Marsille. A qui notre ambassade?
— Sire, dit Nayme, octroyez-m'en le don ;
Honorez-moi du gant et du bâton.
— Non, par ma barbe, interrompt Charlemagne.
Un sage ami, comme vous, m'accompagne,
Sans me quitter. Retournez vous asseoir.
Seigneurs barons, qui remplit ce devoir?
— Moi ! » dit Roland. Mais Olivier : « Vous, frère !
Votre courage est par trop téméraire !
Vous vous feriez, loin de nous, quelque affaire.
Mais j'irai bien, moi, si Charle y consent.

— Ni vous, ni lui. Tous deux, pour le présent,
Asseyez-vous et gardez le silence.
Par cette barbe, où fleurit la prudence,
Les douze pairs sont hors de concurrence. »

Tous les François se taisoient, lorsque enfin
Se lève en pied l'archevêque Turpin.
Prélat de Reims et sage avec audace,
Il brigue aussi le gant provocateur
Et le bâton. Mais le grave Empereur
Aussi lui dit : « Silence ! à votre place ! »

Puis, répétant bientôt la question :
« Francs chevaliers, qui prend la mission ? »
Alors Roland : « Ganelon, mon beau-père. »
Et les François : « Oui, c'est l'homme qu'il faut,
A l'ambassade il ne fera défaut,
Et n'est personne, en cela, qu'on préfère. »

Mais Ganelon, à l'appel de Roland,
Est pris d'angoisse et de trouble fort grand.
Aigri déjà, tout lui semble une injure.
De ses yeux noirs maint éclair est jeté.
Laissant déchoir son manteau de fourrure,
Qui glisse à terre, en rouleau velouté,
Il se présente en sa blaude de soie,
Léger tissu qui permet que l'on voie
Son corps moulé, dont l'accord se déploie,
Ses larges flancs, sa puissante beauté,

Son fier visage où l'audace flamboie :
Noble mortel, s'il avait loyauté !
« Fou ! répond-il à Roland, quelle rage !
Moi, ton beau-père (ainsi voulut le sort),
Sur moi tu mets un singulier message !
Si j'en reviens, je te promets un gage
De bon vouloir, et jusques à la mort. »
Roland répond : « Fol orgueil ! La menace,
On le sait bien, est vaine à mon endroit.
Le cas exige un messager adroit ;
Mais, si l'on veut, je pars à votre place.

— Non, non, dit Gane, entre nous (j'en rends grâce)
Rien de commun, dans l'ordre féodal :
Vous n'êtes point mon homme, mon vassal.
Charles commande et j'irai vers Marsille.
Pour tout délai, que je puisse un moment,
Avec mes preux, ma réelle famille,
Calmer mon trouble et mon ressentiment. »

Roland de rire, et Ganelon à peine
Peut contenir le feu de son courroux.
Bien peu s'en faut qu'il n'éclate : « Ma haine,
Comte Roland, oui, ma haine pour vous,
Qui me chargez d'aventure si grosse !
Droit Empereur, je vais à Saragosse.
Nul n'en revient. Pensez qu'à votre sœur
Je suis uni de foi sainte et de cœur.
J'ai d'elle un fils, beau déjà, bientôt brave :

Mon Beaudouin sera baron d'honneur.
A lui mes biens, château, domaine, enclave....
Plus ne verrai mon fils ! Veillez, Seigneur,
A le garder d'avanie et d'entrave !

— Allons, dit Charle, il faut, en ce moment,
De votre cœur refouler la tendresse,
Et quand j'ordonne, obéir. Le temps presse ;
Venez chercher le bâton et le gant.
Vous le voyez, l'ost entier vous adresse
Au roi payen. — C'est l'œuvre de Roland,
Dit Ganelon, et Roland je déteste ;
Ainsi ferai tout le temps qui me reste ;
Son Olivier et les pairs mêmement,
Pour être en tout ses amis. Vous présent,
Je les défie, et Dieu leur soit funeste !

— Ah, dit le Roi ! vous seriez trop vengé !
Comte, partez ! — J'irai, mais protégé
Comme le fut, sur le mont de Hautille,
Le preux Basan, et son frère Basille ! »

Gane voudroit être loin. Cependant
Il obéit et vient prendre le gant ;
Mais, lorsqu'on croit que sa droite le serre,
Elle le manque, et le gant tombe à terre !
« Dieu ! cria-t-on d'une voix, quel agent !
Quelles façons, et que présagent-elles !
— Seigneurs, dit-il, vous en aurez nouvelles.

Sire Empereur, donnez-moi sans retard
Lettre et congé, que rien ne me retienne !
— Pour Dieu, dit Charle, et sa gloire et la mienne ! »
Ainsi l'absout de la main, du regard,
Et Ganelon fièrement se départ.

Chez lui rentré, Ganelon se dispose :
Met éperons d'or, à pointes d'acier,
Suspend Murgleis au riche baudrier,
Sa bonne épée ; et la selle se pose
Sur Tachebrun, son noble destrier ;
C'est Guinemer qui lui tient l'étrier,
Oncle à neveu. Tous ses preux, avec larmes,
Vont requérant de marcher près de lui.
« Ne plaise à Dieu ! dit-il. Seul, aujourd'hui,
Je dois périr pour vous tirer d'alarmes.
Je le pressens, ce message est ma mort.
En douce France allez, compagnons d'armes ;
Allez porter soulas et réconfort
A mon épouse, à Pinabel, mon frère
D'adoption, à Baudouin, mon fils !
Soyez-lui tous féaux et vrais amis ;
Vassalement soutenez sa bannière ;
Qu'il trouve en vous bons bras et bons avis ! »

Ganelon part. Sous la feuille gentille
D'un olivier, peu duisant aux dangers,
En bref délai, du sarrasin Marsille,
Dans leur attente, il joint les messagers.

Dès lors s'ourdit la cauteleuse trame.

C'est Blancandrin qui premier commença :
« Merveille c'est que Charle, en corps, en âme.
Devant qu'il vînt guerroyer par-deçà,
Avoit conquis la Calabre et la Pouille,
Passé les mers, cueilli mainte dépouille,
Et des Anglois, après de vains refus,
A son saint Pierre assuré les tributs.
Mais que vient-il chercher en notre Espagne ?
— Que voulez-vous ? son courage le gagne.
Toujours son cœur est en guerre et campagne.
Ainsi toujours vécut, ainsi vivra,
Et devant lui nul homme ne tiendra.

— Oui, les François sont braves ; j'en fais compte,
Dit Blancandrin ; mais je vois, d'autre part,
Qu'il est par là plus d'un duc, plus d'un comte
Dont le conseil, souvent fruit du hasard,
De tout confondre et tout perdre n'a honte,
Et causera ruine, tôt ou tard.
— Il n'en est qu'un, dit Gane, que l'on nomme
Roland, à qui, certe, en prendra malheur !
Un simple trait vous fera juger comme
Il est vantard, orgueilleux et hâbleur :
Hier matin, il vint à l'Empereur
Assis à l'ombre, à couvert de chaleur ;
En sa main droite il tenait une pomme.
« Sire, dit-il, tous les rois qu'on renomme,
Je vous les livre en ce présent d'honneur !

— Ah! oui, Roland, Roland, ce cruel homme,
Qui pour vassaux veut avoir tous les rois,
Sur toute terre inféoder ses droits;
Mais comment donc et par quelle aide, en somme,
Prétend-il mettre à fin de tels exploits?
— De nos François c'est l'idole, à la ronde,
Tant il leur vaut de proie et de pourchas!
Charle en raffole et sur lui seul se fonde.
Au bout du monde ils iront sur ses pas.
— Donc, Roland mort, la paix serait au monde? »
Et Ganelon : « Je n'en disconviens pas. »

A force ainsi devisant, ils s'entendent
Contre Roland, pour l'avoir mort ou vif;
A force aussi chevauchant, ils descendent
Dans Saragosse, à l'ombre d'un vieux if.

Sur un fauteuil de très-riche apparence,
(Alexandrie en fournit le satin)
Le roi d'Espagne est assis, sous un pin.
Son ost l'entoure et garde un grand silence,
Tout en suspens du message.
      On s'avance :
C'est Ganelon, mené par Blancandrin :
« Daigne Apollon et Mahom, le Prophète,
Vous protéger! Votre ambassade est faite,
Dit Blancandrin. Voilà, sire, un baron
Prisé de Charle et parlant en son nom.
De paix, de guerre il a le oui, le non. »

Comme celui qui bien conduit sa langue.
Gane aussitôt commence sa harangue :
« Soyez sauvé par le Dieu glorieux
Que tout adore et révère, en tous lieux !
Voici l'arrêt de Charles, très-pieux :
A vous, chrétien, filleul de Charlemagne,
A vous, en fief, la moitié de l'Espagne.
Sur un refus, guerre, assaut, triste sort :
Pris, garrotté, conduit en Allemagne,
Jugé vilain, puni de vile mort. »

A ce discours, s'enflammant de colère,
Et brandissant sa javeline d'or :
« Chien de chrétien ! » dit Marsille... On modère
De son courroux le farouche transport ;
Mais il pâlit, et dans sa main crispée
Tremble l'épieu. «Ma claire et belle épée,
Dit Gane, un doigt la tirant du fourreau,
Tant que je t'ai là, bonne et bien trempée,
Je n'ai point peur que page ou damoiseau
Dise à la cour, près de Charles groupée,
Que seul je suis resté sur le carreau. »

Des Sarrasins la foule s'interpose,
Crie : « Arrêtez ! empêchons le combat ! »
Marsille écoute et sa fureur s'abat.
En son fauteuil derechef il se pose.
Oncle à Marsille, un Calife était là :
« C'est mal, dit-il, de menacer la tête

L'EMBUCHE.

De ce François chargé d'une requête.
C'est un héraut : faut l'entendre. Voilà !
— En mon endroit je souffre cette injure,
Non pour mon roi, dit le fier Ganelon,
De son manteau rejetant la fourrure,
La main au glaive, en guerrière posture,
Si, que, flatteur, on entend le murmure
Des Sarrasins : « C'est un noble baron ! »

Puis, par degrés se rapprochant du prince :
« Seigneur, dit-il, pourquoi tant de courroux ?
L'Empereur fait deux parts de sa province.
L'une à Roland, son neveu, l'autre à vous.
Méchant neveu, vaurien, je le confesse,
Insupportable et hautain compagnon ;
Mais aux François si vous répondez : Non,
Ils sont puissants : peu sensé qui les blesse !
Vous serez pris, emmené, garrotté,
Sur un baudet vilainement jeté,
Jugé, puni, honni, décapité.
Tel, en ce bref, Charles l'a décrété. »
Et Ganelon tire alors une lettre,
Que dans la main du prince il va remettre.

Marsille alors, tout blême de fureur,
Brise le sceau, jette à terre la cire (1)
Du pli de Charle et se hâte de lire :

(1) Grave incivilité.

« Ce Roi des Francs, soi-disant Empereur,
Rappelle ici son ire et sa douleur
Pour ce vieux fait de Basan et Basille,
Que j'ai frappés sur le mont de Hautille.
Il veut mon oncle, un Calife, en retour ! »
Le fils du Roi crie alors, à son tour :
« Mort au porteur ! livrez-le-moi, de grâce ! »
Mais Ganelon, l'épée en main, se place,
Rompant deux pas, près d'un énorme pin,
Contre le tronc, bien en garde, s'adosse,
Et brave là princes et Saragosse.

L'ombre du soir met la paix. Au matin
Le Roi, la cour descendent au jardin,
Et Gane aussi, mené par Blancandrin ;
Et trahison commence.
    « J'ai fait mine,
Beau Sire, hier, d'assez mal vous traiter,
Lui dit le Roi. C'est faute à racheter :
J'ai là, pour vous, quelques manteaux d'hermine,
Mainte fourrure en marte-zibeline ;
A dix milliers de sous pouvant monter (1) :
Recevez-les, au lieu de javeline.
Croyez, demain, que j'y veux ajouter,
Et pour ami sur moi veuillez compter.

» Parlons de Charle, ici, nous tous ensemble.

---

(1) Environ un million de francs.

L'EMBUCHE.

Il est bien vieux, Charlemagne, me semble ;
Usé de jours ; pour le moins, deux cents ans ?
C'est qu'il a tant chevauché, tant fait guerre !
Tant démené son corps sur toute terre !
Tant rabattu lances et yatagans !
Que de débris pour élever son trône !
Combien de rois, par lui, mis à l'aumône !
Est-il point las de vaincre si longtemps ?
— Nenni, dit Gane. Il n'est pas ce qu'on pense.
Jamais ne voit d'obstacle à sa vaillance.
Tant que je puisse exalter ses vertus,
La vérité reste encore au-dessus.
Brave, il triomphe environné de braves.
Dieu, de tels preux, fit reluire sa cour,
Qu'on meurt avant d'en laisser le séjour.

— Il n'est coursier qui ne tombe aux entraves,
Dit le payen ; votre Empereur est vieux,
Chenu, chargé de deux cents ans, et mieux.
Tant a réduit de rois au rang d'esclaves !
De tant d'épieux écarté les éclats !
Je m'ébahis de lui. N'est-il point las
D'endurer mal, cherchant guerre et combats ?
— Jamais, dit Gane, au moins tant que la terre
Frissonnera sous son neveu Roland.
Le rond du ciel n'en couvre un si vaillant !
Tel Olivier, son compagnon de guerre ;
Et tels encor, Sire, les douze pairs,
Les Pairs de France, à l'Empereur si chers !

Ils sont les chefs de vingt mille hommes d'armes,
A l'avant-garde, et Charle est sans alarmes.

— Je m'ébahis de Charle aux cheveux blancs,
Reprend Marsille. Il passe deux cents ans,
J'en suis certain. Tant a conquis de champs !
Tant a reçu de coups d'épieux tranchants !
Occis ou pris tant de rois si puissants !
Est-il point las d'ahaner si longtemps ?
— Jamais, Seigneur, tant que Roland lui reste.
De Saragosse au Cathay, je l'atteste,
Onc ne verrez plus brave aventurier.
Fier preux, de même, est son cher Olivier ;
Et ces vingt mille, en nom de chevalier,
Marchant après les douze pairs de France !
Voilà du Roi l'amour et l'espérance.
Qui voulez-vous que craigne un tel guerrier ?
Il n'est mortel qui l'ose défier.

— Mais j'ai, beau sire, ainsi répond Marsille,
Ma gent, et crois qu'on en doit faire cas :
Quatre cent mille, en qui la valeur brille,
Peuvent bien voir les Francs dans les combats. »
Mais Ganelon : « Ne vous y fiez pas !
De vos payens échoûroit la menace.
Usez de ruse ; au loin la folle audace !
Simple est le jeu pour sortir d'embarras ;
De l'or ! Donnez tant d'or, tant de richesses,
A l'Empereur faites telles largesses,

Que les François en soient tout ébahis.
Près d'eux, là bas, envoyez vingt otages.
Ne ménagez les serments, les hommages.
Il reprendra le chemin du pays,
Du doux pays de France; ses bagages
Suivront de loin, confiés aux courages
Du preux Roland et d'Olivier, les forts !
Eh ! bien, ô Roi, qu'on m'écoute.... ils sont morts !
Morts, tous les deux ! infaillible est l'affaire;
Charle, engagé dans les cols de Sizaire,
Sera bien loin : Roland et son cher preux
Auront, au plus, vingt mille hommes près d'eux.
De vos payens détachez-leur cent mille.
Je ne dis pas la chose encor facile :
Quelle que soit la perte des François,
Plus d'un, chez vous, aura le sort mauvais.
Mais derechef on livrera bataille;
Dans l'une ou l'autre, ou d'estoc ou de taille,
Je le promets, succombera Roland.
Vous aurez fait, Sire, un exploit vaillant,
Et pour jamais reconquis votre Espagne.
Car, sans Roland, que ferait Charlemagne ?
C'est, sans bras droit, un vain et faible corps.
Le Grand Pays rentre au repos alors ! » (1)

Le Ganelon à peine a dit, Marsille

(1) Par un vif sentiment de patriotisme, Théroulde a trouvé ce nom de *Grand Pays* (terre major) pour la France, et il le met, avec beaucoup d'art, dans la bouche des ennemis.

Lui saute au col et l'embrasse. Il pétille
D'orgueil, de joie et d'espoir. Seulement
De Ganelon il exige serment.
« De cœur, dit Gane ; heureux de vous complaire ! »
Et sur la croix de sa Murgleis, où dort
Maint os de saint, comme en un reliquaire,
Le traditeur jure d'une voix claire
De consommer son noir pacte de mort.

De l'autre part, sur un trône d'ivoire
Marsille fait apporter l'Alqoran,
Loi de Mahom et loi de Tervagant,
Les seuls auxquels le Sarrasin veut croire,
Et jure aussi que, s'il trouve Roland
Dans l'embarras, avec l'arrière-garde,
Il lancera sur lui toute sa gent
Et tâchera de l'atteindre hors garde.
« Soit fait, dit Gane, à bon commandement ! »

S'avance alors un payen, le visage
Riant et gai, tel aussi son langage.
C'est Valdabron, un ancien gouverneur :
« Vous méritez, comte, un glaive d'honneur.
Tenez le mien. Nul n'en a de meilleur.
Mille mangons (1) ne paîraient pas la garde
De cette épée, et mille, le taillant.
Recevez-la, pour le fait de Roland ;

---

(1) « *Mangon*, monnaie : le marc d'or ou d'argent. » (GÉNIN).

Que par vos soins il ait l'arrière-garde.
— Et comptez-y, réplique Ganelon. »
Se sont baisés à la joue, au menton.

S'avance, après, un payen, le visage
Riant et gai, tel aussi son langage.
C'est Climboris : « Vous méritez, seigneur,
Des Sarrasins une armure d'honneur.
Tenez mon heaume ; onc n'en vis de meilleur.
Et que Roland, le marquis, au passage
Pris et défait, puisse en payer l'usage !
— Et comptez-y, réplique Ganelon ! »
Se sont baisés à la joue, au menton.

S'avance, enfin, la reine Bramimonde :
« A vous l'estime et l'amitié du monde,
Sire ! et l'avez de nous, de Monseigneur.
Or, acceptez ces bracelets d'honneur.
Je les envoie en France, à la comtesse.
Voyez que l'art s'y joint à la richesse,
Et l'améthyste et l'hyacinthe à l'or.
Rome n'a pas tel joyau de princesse,
Ni Charlemagne, en aucun coffre-fort. »
Gane en sa botte a serré le trésor.

Alors Marsille auprès de soi fait rendre
Son trésorier Mauduit : « Tous les cadeaux
Que de ma main Charlemagne doit prendre
Sont-ils prêts ? — Oui, Sire : sept cents chameaux

D'or et d'argent chargés, et vingt otages,
Que sous le ciel ne sont plus hauts lignages.

— Adonc, venez, Ganelon ! » Et le Roi
Tenant la main sur l'épaule du traître :
« Par cette loi, dit-il, que tu crois être
Meilleure en tout, songe à garder ta foi !
Si tu la tiens, la mienne t'est donnée
Que dix mulets chargés d'or, chaque année,
D'or d'Arabie, arriveront chez toi.
Offre à ton chef et ma ville et ma loi :
Voici les clés. — Employons la journée,
Dit Ganelon ; Sire, renvoyez-moi ! »

Le lendemain, aux lueurs de l'aurore,
Ganelon rentre au camp et ment encore :
« Que Dieu vous gard', Sire ! voilà les clés
De Saragosse, otages sur otages,
De noble sang, trésors amoncelés.
Que de la paix on garde bien les gages !
Pour le Calife, il était converti ;
Mes yeux sont bons : j'ai vu trois cent mille hommes,
Las des faux dieux et tenant son parti,
Le suivre en mer pour venir où nous sommes.
Le casque en tête et la cuirasse au dos,
L'or niellé décorant leur armure,
C'était un beau renfort, je vous assure.
Mais l'ouragan, vainqueur des matelots,
Les a soudain engloutis dans les flots.

Tous sont noyés, ô cruelle aventure!
Vous n'en verrez ni débris, ni ballots.
Si seulement le Calife eût fait côte,
Sire, à vos pieds je l'amenois sans faute.

« Quant à Marsille, il ne refuse rien :
Avant un mois, ses deux mains dans les vôtres,
Ira de vous prendre, en humble maintien,
Son fief d'Espagne, et par les saints Apôtres,
Se reconnoître et confesser chrétien.
— Dieu soit loué, dit Charle! tout est bien.
Tant de succès montrent votre prudence,
Comte : espérez honneur et récompense. »

Sonnez, clairons, et proclamez la paix!
Guerre finie! A bas rondache et lance!
Le camp vainqueur est levé; les François
Sur les sommiers chargent tentes et traits.
On part, on vole au doux pays de France.

Aux vents du ciel, sur un mont, à l'écart,
Le preux Roland plante son étendard.
Les Francs, au gré de la chance incertaine,
Qui çà, qui là, se gîtent dans la plaine.
Mais cependant les guerriers Sarrasins,
Par autre voie, avec mauvais desseins,
Hauberts vêtus, enseignes déroulées,
Vont chevauchant par ces longues vallées.
Bientôt, d'un pic gravissant la hauteur,

Le soir venu, dans les bois, en silence,
Les voilà tous embusqués. Dieu sauveur!....
Quatre cent mille ennemis, ô malheur!
N'attendent plus qu'une aube, une lueur;
Et les François dorment dans l'ignorance!

ROLAND

POÈME HÉROÏQUE DE THÉROULDE

TROUVÈRE DU XIe SIÈCLE

TRADUIT EN VERS FRANÇAIS

PAR

P. JÔNAIN

SUR LE TEXTE ET LA VERSION EN PROSE

DE

F. GÉNIN

PARIS

LIBRAIRIE DE JULES TARDIEU, ÉDITEUR

M DCCC LX

OUVRAGES DU MÊME AUTEUR

CHEZ LE MÊME ÉDITEUR

Ou à ÉPARGNES (Charente-Inférieure)

GRAMMAIRE GÉNÉRALE, particulière pour le latin et le français, déclarée *méthodique et utile* par l'ancien Conseil royal de l'Instruction publique; in-8º 2f

ESSAI DE GRAMMAIRE UNIVERSELLE, OU HÉMI-PASIGRAPHIE, facilitant l'enseignement, même élémentaire, de toutes les langues.................................. 1

LES FABLES DE BABRIUS, traduites du grec en vers français; in-12 1

LA BOTANIQUE POUR TOUS, série graduée des familles de plantes........................ 1

Pour paraître :

TRADUCTIONS en vers : de Job, Virgile, Pétrarque, Burns Camoëns.

TRADUCTION en prose : de Papire Le Masson, *Description d Rivières de France*.

Œuvres originales :

FABLES.
CHANTS DE VILLAGE.
L'INTONATION enseignée par elle-même.
ÉTUDES SANTONES, biographies.
LEXIQUE SAINTONGEOIS.

Bordeaux. — Imp. de J. Delmas, rue Ste-Catherine, 139.

www.ingramcontent.com/pod-product-compliance
Lightning Source LLC
Chambersburg PA
CBHW060507050426
42451CB00009B/857